# Enseignement Laïque et Confessionnel

## à Madagascar

CONFÉRENCE FAITE PAR M. DEVAUX

Inspecteur de l'Enseignement

### LE 6 OCTOBRE 1907

## Au Comité d'Action Républicaine

DE

### TANANARIVE

TANANARIVE
—
Imp. de l'Echo de Madagascar

# ENSEIGNEMENT LAIQUE ET CONFESSIONNEL
## à Madagascar

**Conférence faite par M. Devaux, Inspecteur de l'Enseignement, le 6 octobre 1907, au Comité d'Action Républicaine de Tananarive.**

L'œuvre de M. Augagneur en ce qui concerne l'organisation de l'Enseignement à Madagascar peut se résumer de la façon suivante :

1° Unité d'organisation et de direction dans l'enseignement des indigènes à tous les degrés. Adaptation des programmes d'enseignement aux besoins réels de la population indigène, de l'administration et des colons. Utilisation rationnelle du personnel enseignant européen et formation d'un personnel indigène laïque et bien préparé aux diverses fonctions qui lui sont dévolues.

2° Augmentation progressive du nombre des écoles primaires indigènes officielles dans le but d'arriver aussi rapidement que possible à contrebalancer avantageusement et même à annihiler l'influence de l'enseignement confessionnel.

3° Mesures répressives contre le développement exagéré des écoles confessionnelles dans les centres importants de la Grande Ile où les missions attirent le plus grand nombre possible d'indigènes qu'elles préparent en vue de l'admission aux écoles supérieures de la Colonie. Il était indispensable d'enrayer ce mouvement et de limiter le nombre des candidats fonctionnaires aux besoins réels du Gouvernement. De plus, l'administration a le devoir de prendre ses dispositions pour éviter l'introduction, dans le personnel indigène de ses services, d'agents inféodés aux missions religieuses qui utilisent ces serviteurs tout dévoués à leur cause pour combattre l'influence gouvernementale.

4° Augmentation du nombre des écoles primaires européennes et création, à Tananarive, d'un établissement d'enseignement secondaire pour les enfants européens et de cours secondaires pour les jeunes filles européennes.

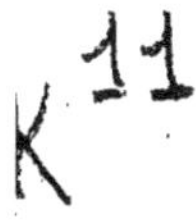

5° Réglementation de l'enseignement privé inspirée de la législation scolaire métropolitaine.

Pour faire ressortir l'importance de ces réformes, il est indispensable de rappeler les principaux caractères de l'organisation établie sous le régime précédent.

On avait bien créé des écoles primaires officielles, mais il était entendu que ces écoles ne devaient jamais être nombreuses, l'enseignement primaire pouvant être assuré par les missions religieuses qui suffisaient amplement à cette tâche. L'existence de l'enseignement officiel serait largement affirmée par l'organisation des écoles supérieures (école de médecine, école professionnelle, écoles administratives) et de quelques écoles régionales d'apprentissage industriel et agricole.

D'autre part, il convenait : 1° de ne pas donner trop d'importance au service de l'Enseignement qui aurait pu devenir trop encombrant, aussi l'école de médecine était-elle rattachée au service de Santé et l'école professionnelle à la Direction des Travaux Publics ; 2° de ne pas trop gêner l'œuvre des missions religieuses en leur laissant le monopole effectif de la préparation des candidats aux écoles supérieures de la Colonie. Ce monopole existait, en fait, pour les raisons suivantes : les candidats des missions étaient préparés par des maîtres européens, ceux de l'enseignement officiel ne pouvant être préparés que par des maîtres indigènes, échouaient piteusement, de sorte que les missions avaient non seulement l'avantage de caser leurs protégés et fidèles clients, mais aussi de pouvoir établir d'une façon incontestable la supériorité de leur enseignement sur l'enseignement officiel, d'ailleurs elles ne manquaient pas de faire beaucoup de réclame autour de leurs succès.

Les dépenses consenties pour l'enseignement officiel étaient cependant assez élevées : en dehors des 650.000 fr. prévus au budget du service de l'Enseignement, on relevait 175.000 francs pour l'école professionnelle rattachée aux Travaux publics, 35.000 francs pour l'école de médecine, un crédit de 100.000 francs inscrit au budget des Travaux publics pour les constructions d'écoles, plus 30.000 fr. au chapitre des transports. Ainsi, après la suppression des subventions aux écoles confessionnelles, subventions dont le total dépassait quelquefois 150.000 francs par an, le budget local supportait encore annuellement une dépense d'environ un million pour l'entretien de toutes les œuvres officielles d'enseignement dans la Colonie. Pourquoi, dans ces conditions, l'enseignement primaire officiel ne se développait-il pas ? Pourquoi demeurait-il notoirement inférieur à l'enseignement confessionnel ? Parce

que les dépenses que nous venons de mentionner étaient em-
ployées en grande partie à des œuvres d'à côté, œuvres non
seulement inutiles, mais nuisibles par leur extension exagé-
rée : j'ai nommé les écoles d'apprentissage et l'école professionnelle de Tananarive. Sous prétexte de former des ouvriers
qui, la plupart du temps, ne trouvaient pas le moyen d'exercer
leur métier, on dépensait annuellement 175.000 fr. pour l'école professionnelle de Tananarive, 200.000 francs environ pour
les écoles régionales d'apprentissage et les écoles professionnelles de filles installées dans six localités, sans compter que la
presque totalité du crédit de 100.000 francs prévu pour les
constructions, était absorbée par les dépenses d'installation et
d'aménagement des dites écoles, soit en tout la moitié des dépenses totales annuelles. Le reste allait aux écoles normales,
administratives, aux rares écoles primaires européennes et
aux peu nombreuses écoles primaires indigènes.

Ainsi, la partie accessoire, l'œuvre de luxe qu'un Gouvernement colonial pourrait édifier (avec beaucoup de prudence !)
lorsqu'il a fait face aux dépenses de première nécessité, telle
était la principale préoccupation sous le régime antérieur. Il
est juste de remarquer à ce propos que les écoles professionnelles de garçons et de filles permettent d'organiser, au bout
de peu de temps, de magnifiques expositions et constituent
par suite un excellent moyen de réclame à l'usage de la Mé-
tropole.

La Colonie était également parcimonieuse en ce qui concerne l'enseignement des enfants européens. A Tananarive, à Tamatave, à Diego-Suarez, à Nossi-Be, à Majunga, les congré-
ganistes avaient des écoles européennes. Après nombre de
réclamations de la part des intéressés, la Colonie avait fini par
installer, comme à regret, quelques écoles primaires tout à
fait insuffisantes à Tananarive, Tamatave, Diego et Majunga.
Quant aux familles européennes qui désiraient faire suivre à
leurs enfants des cours d'enseignement secondaire, elles
avaient à leur disposition, à Tananarive, le collège des Jésui-
tes et l'Institution des sœurs de S$^t$ Joseph de Cluny.

La réglementation relative à l'enseignement privé était on
ne peut plus fantaisiste. L'autorisation d'ouvrir une école était
accordée non à telle personne réunissant des conditions dé-
terminées, mais à telle Mission. Les Missionnaires européens
pouvaient enseigner sans être astreints à fournir ni diplômes,
ni certificats de moralité. Les écoles privées étaient, pour la
plupart, installées dans des temples ou des églises.

Telles sont, brièvement et fidèlement résumées, les conditions dans lesquelles fonctionnait l'enseignement à Madagascar avant l'arrivée de M. Augagneur. Ce dont il faut féliciter notre Gouverneur Général actuel, c'est non seulement d'avoir su découvrir rapidement les défauts de l'organisation, c'est surtout d'avoir décidé et appliqué rigoureusement les réformes nécessaires. En agissant ainsi, il n'ignorait pas qu'il abolissait d'un trait de plume le régime de faveur sous lequel vivaient auparavant les Missions religieuses à Madagascar, il n'ignorait pas que ce geste audacieux soulèverait un *tolle* général de la part des intéressés qui, naturellement, mettraient tout en œuvre afin de discréditer le Représentant de la République française assez osé pour porter une main sacrilège sur leur fief.

M Augagneur peut se féliciter du résultat obtenu qui, certainemeut, a dù dépasser ses prévisions si l'on en juge par le ton et les tendances des articles qui ont été publiés à ce sujet sous l'inspiration des Missionnaires. Il faut que les mesures prises aient touché bien juste pour que des représentants de la morale chrétienne se soient oubliés au point de commettre des écarts d'argumentation aussi flagrants.

Quoi qu'il en soit, les réformes désirables et souhaitées par tous les laïques partisans de l'influence française ont été réalisées. Peu à peu les mailles du filet dans lequel les Missionnaires religieux enserrent la population malgache se déchirent, la clientèle diminue de jour en jour, c'est pour les cléricaux de toutes couleurs la fin de l'âge d'or.

Dans l'étude des réformes scolaires, nous envisagerons successivement les mesures concernant l'enseignement privé et l'enseignement officiel, en distinguant les écoles indigènes des écoles européennes.

## ENSEIGNEMENT PRIVÉ

L'enseignement privé jouissait de libertés réellement scandaleuses et, en tout cas, incompatibles avec l'ordre qui doit régner dans une société régulièrement constituée.

Une circulaire en date du 8 mai 1906 fait observer que la façon de procéder admise jusque-là en ce qui concerne l'ouverture des écoles privées est irrégulière, les demandes devant être formulées par les directeurs d'écoles et non par les chefs de missions ; que, de plus, cette façon de procéder rend des plus difficiles le contrôle de l'administration.

En effet, lorsqu'elle veut ouvrir une école, une mission

s'arrange toujours pour que les conditions requises soient réunies au moment où la demande est formulée ; l'autorisation étant accordée, rien n'empêche la mission de changer le personnel affecté à cette école et de remplacer, par exemple, un instituteur indigène breveté, par un instituteur non breveté qu'elle paie moins cher ; le diplôme du premier peut alors être utilisé pour l'ouverture d'une autre école.

La circulaire du 8 mai 1906 met fin à ces errements. L'instituteur européen ou indigène qui veut ouvrir une école privée doit adresser personnellement et par écrit une demande au chef de province ; il doit donner tous les renseignements en ce qui le concerne et en ce qui concerne le local qu'il propose ; il doit également mentionner tous les renseignements utiles se rapportant au personnel qu'il désire s'adjoindre. L'autorisation est strictement personnelle et l'intéressé la reçoit directement, l'administration n'ayant pas à traiter avec des groupements laïques ou confessionnels qui peuvent ne pas avoir d'existence légale.

Le titulaire de l'autorisation est personnellement responsable de tout ce qui, dans son établissement, sera contraire aux lois et règlements sur l'enseignement. S'il quitte son école, son successeur ne pourra, en aucun cas, bénéficier de l'autorisation précédemment accordée, une nouvelle demande d'autorisation devra être introduite. Pour les changements d'adjoints, l'administration devra être avisée en temps utile. Si l'école est transférée dans un autre local, l'administration en sera également prévenue.

Cette circulaire règle simplement une ~~simple~~ question de procédure [il ne saurait d'ailleurs en être autrement], les règlements concernant l'enseignement privé sont toujours ceux établis au titre III de l'arrêté du 25 janvier 1904. Or, cet arrêté est muet : 1° en ce qui concerne les conditions à remplir pour l'ouverture d'une école européenne, 2° en ce qui concerne les diplômes que doivent posséder les européens pour avoir le droit d'enseigner dans les écoles des différents ordres.

De plus, cet arrêté reconnaît implicitement les écoles d'église, écoles de propagande religieuse qui fonctionnent dans les temples, dans les églises, et où l'on apprend aux enfants à lire en malgache dans le but unique de les mettre en état de lire la Bible. L'arrêté déclare simplement que les écoles d'église ne relèvent pas du service de l'enseignement et qu'elles sont uniquement soumises à la surveillance administrative. Ainsi, sous le régime antérieur, du fait qu'elles avaient l'autorisation de construire une église dans une localité, les missions avaient le

droit d'installer dans cette église une école sans avoir à demander une autorisation spéciale, sans quel'administration pût exi-
ger aucune garantie concernant l'instituteur placé à la tête de
ce pseudo-établissement scolaire. Elles en profitaient largement.

Un arrêté en date du 23 novembre 1906 règle d'une façon
complète les questions relatives à l'enseignement privé et abro-
ge les dispositions du titre III de l'arrêté du 25 janvier 1904
dont nous venons de faire ressortir les lacunes. Ce document
est inspiré de la législation scolaire métropolitaine. Il fixe les
conditions que doivent remplir les européens [français et
étrangers] et les indigènes pour avoir le droit de diriger des
écoles européennes et indigènes et d'enseigner en qualité d'adjoints. Il détermine également la procédure à suivre pour l'instruction des demandes d'ouverture d'écoles. Jusque-là rien de
bien original, ce n'est en somme qu'une adaption sagement rai-
sonnée des dispositions similaires de notre législation métropolitaine. Mais cet arrêté est réellement intéressant lorsqu'il traite
des garderies d'enfants. Ce genre d'établissement, nouveau à Madagascar, mais bien connu naguère dans nombre de communes
de France, constitue une trouvaille et permet de résoudre d'une
façon élégante la difficulté inhérente à la situation spéciale qui
était faite, sous le régime antérieur, aux écoles d'église. Il n'y
a plus d'écoles d'église, mais des garderies d'enfants. La gar-
derie est un établissement scolaire provisoire qui disparaît avec
l'ouverture d'une véritable école officielle ou privée ; elle ne
peut être installée dans un édifice consacré au culte ; le local
proposé doit être agréé par l'Administration ; le pétitionnaire
doit en outre présenter certaines garanties aux points de vue
intellectuel et moral ; l'autorisation accordée est essentielle-
ment personnelle et révocable.

Le régime de faveur sous lequel vivaient les missions, au
point de vue scolaire, est donc aboli ; à l'incohérence, on a
substitué l'ordre. Nul n'est persécuté pour ses opinions religieuses, mais chacun doit se conformer à la loi ; cette loi n'est
d'ailleurs point draconienne, elle est moins rigide qu'en France,
et cependant, si l'on tient compte des conditions particulières
dans lesquelles se trouve l'Administration pour assurer l'ordre
et la sécurité, si l'on songe que nous sommes ici des vainqueurs
et que les Malgaches se considèrent encore comme des vain-
cus, on peut se demander si le Gouvernement local n'aurait pas
le droit, sinon le devoir, de restreindre certaines libertés, où
tout au moins d'édicter des mesures préventives en ce qui concerne la propagande faite par les missionnaires au moyen de

leurs écoles, propagande qui, peut-être, n'est pas toujours exclusivement confessionnelle.

## ENSEIGNEMENT OFFICIEL

Réglementer l'enseignement privé est bien, cela ne suffit pas. Les missionnaires ont le droit d'ouvrir des écoles et des garderies moyennant certaines conditions, mais le Gouvernement ne peut se reposer sur eux du soin d'assurer un service public. C'est cependant ce qui existait sous le régime antérieur, sinon officiellement, du moins en fait. Il suffit de jeter un coup d'œil sur une carte scolaire de Madagascar pour faire aussitôt la constatation suivante : dans les régions centrales où la population très dense est apte à recevoir l'instruction qu'elle réclame d'ailleurs, les écoles confessionnelles écrasent par leur nombre nos rares écoles officielles, tandis que partout ailleurs, dans des régions peu peuplées, où les habitants se soucient fort peu de l'instruction et se défient des instituteurs, on ne voit que des écoles officielles.

L'administration avait donc agi de manière à préserver les Missions de la concurrence officielle dans les régions qu'elle voulait bien reconnaître comme leurs fiefs.

L'œuvre de diffusion de l'enseignement primaire était donc à reprendre, c'est ce que M. Augagneur a compris ; aussi, quelque temps après son arrivée, a-t-il prescrit dans toute la Grande Ile une enquête ayant pour but d'établir le recensement exact des écoles primaires officielles complété par des renseignements relatifs à leur installation matérielle et à leur utilité. Il provoquait en même temps, de la part des chefs de province, des propositions détaillées concernant les créations à faire classées par ordre d'urgence. Cette enquête a servi de base à la préparation d'un plan de campagne méthodique qui répartit sur plusieurs exercices, d'après les capacités budgétaires de la Colonie, les dépenses à engager à cet effet.

Il n'est donc plus question d'établir nos écoles officielles dans les régions les plus excentriques sous prétexte que les Missions n'ont pas eu le courage de s'y installer, il s'agit avant tout de faire œuvre utile et de répandre l'instruction laïque parmi les populations qui peuvent en profiter. L'inventaire de notre œuvre scolaire officielle a révélé des lacunes inimaginables ; nous ne tenons pas compte, bien entendu, de cette œuvre de façade qui permet de jeter facilement de la poudre aux yeux des chargés de missions officielles ; mais de l'œuvre modeste autant que profonde ayant uniquement pour but d'attein-

dre la masse, de la faire sortir de l'état de misère physiologi-
que, intellectuelle et morale dans laquelle elle croupit. Cette
œuvre, nous l'avons dit, était abandonnée aux Missions. M. Augagneur a jugé qu'il appartenait au Gouvernement de la République française d'en assumer totalement la charge ainsi que la
responsabilité, aussi depuis un an, le réseau des écoles primaires officielles s'étend chaque jour, englobant les écoles
confessionnelles qui, espérons-le, finiront par être en minorité.

## Programmes d'enseignement et outillage pédagogi-
## que des écoles

La diffusion de l'enseignement primaire est une œuvre de
longue haleine qui, pour être conduite méthodiquement, néces-
site un ensemble de vues et de dispositions rationnellement
combinées. Il ne suffit pas, en effet, de décréter l'ouverture de
nombreuses écoles et de parer aux dépenses qu'entraine leur
installation matérielle, il faut aussi et surtout établir un plan
d'études pratique, former des maîtres capables et mettre à
leur disposition un outillage approprié ; [nous entendons par outillage l'ensemble des livres et du matériel d'enseignement].

Il y avait bien des programmes généraux d'enseignement
pour les écoles primaires, programmes trop généraux à notre
sens et qui devaient apparaître aux instituteurs indigènes comme de cruelles énigmes. Il ne faut pas se contenter de dire à
des maîtres malgaches : vous enseignerez le français pendant
8 heures chaque semaine, le calcul pendant 3 heures, etc.. il
faut leur dire d'une façon très précise sur quoi porteront les
leçons de français, les leçons de calcul, etc., et leur donner
des livres qui contiennent le développement des leçons qu'ils
ont à faire sur les différentes matières du programme. L'instituteur indigène n'est pas capable de choisir ce qui convient à
ses élèves et par conséquent, ne peut utiliser, pour la préparation de sa classe, des ouvrages analogues à ceux que consul-
te habituellement un maître européen ; il lui faut un guide
précis, c'est ce qui lui a surtout manqué jusqu'ici. Il est regret-
table que notre enseignement officiel, qui existe depuis dix ans,
n'ait pas encore des ouvrages spécialement faits pour ses écoles et se trouve dans l'obligation d'employer des manuels édi-
tés pour les écoles confessionnelles ou pour les écoles métropolitaines.

La Direction de l'Enseignement a entrepris de combler cette lacune. Dans un mois au plus, l'*Imprimerie Officielle* de
Tananarive distribuera à nos instituteurs indigènes des livres

de lecture en français, spécialement faits pour les écoliers mal‑
gaches. Les maîtres n'éprouveront aucune difficulté à expliquer
les textes qui, tous, se rapportent au milieu malgache. Le vo‑
cabulaire est aussi simple et aussi réduit que possible, c'est
celui de la conversation usuelle. Les mots et expressions dif‑
ficiles à comprendre sont traduits en malgache et leur emploi
est précisé au moyen de nombreux exemples. Chaque leçon est
suivie d'explications, de questions à poser aux élèves et de de‑
voirs d'application.

Le livre de lecture malgache correspondant est en prépa‑
ration et paraîtra dans le courant du premier semestre de l'an‑
née 1908.

Un autre livre, actuellement à l'impression, contient des
leçons détaillées relatives à la conversation française ; le maî‑
tre malgache trouvera dans cet ouvrage les éléments indispen‑
sables pour ses leçons de langage.

L'imprimerie a également commencé, en 1907, la publica‑
tion d'un livre d'arithmétique et de système métrique à l'usage
des écoles primaires indigènes. C'est un exposé très simple, en
malgache, des notions que les élèves doivent posséder en sor‑
tant de l'école ; le maître y trouve également des directions et
des explications qui lui permettent de bien comprendre ce qu'il
doit enseigner et lui indiquent les moyens à employer pour que
ses leçons soient à la portée de ses élèves.

Sont en préparation :

1° Un livre de leçons de choses usuelles et un livre d'hy‑
giène. Ces ouvrages rédigés en malgache serviront de livres de
lecture ; l'instituteur n'aura qu'à expliquer et commenter le
texte des leçons.

2° Un livre d'histoire et de géographie.

3° Des cartes géographiques de Madagascar, de la Fran‑
ce et du Monde comportant les seules indications que les élè‑
ves doivent retenir. Ces cartes seront exécutées par les élèves
des écoles normale, administrative et professionnelle.

Nos écoles officielles seront donc bientôt outillées d'une
façon convenable ; de plus, les dépenses que consent à la Co‑
lonie pour l'achat des fournitures scolaires seront sensiblement
diminuées.

## Formation du personnel enseignant indigène. Utilisation du personnel enseignant européen

Une autre question capitale est la formation des maîtres
indigènes, nos auxiliaires indispensables. Toutes les autres con‑
ditions étant égales, on peut dire que les résultats obtenus se‑

ront en raison directe de la valeur de ces maîtres. L'Administration ne doit rien négliger pour obtenir le maximum d'effet utile dans cette partie de son entreprise. Le système adopté à cet effet, sous le régime antérieur, était défectueux pour plusieurs raisons. Nous ne pouvons l'exposer sans parler en même temps de la formation des fonctionnaires de l'ordre administratif, du recrutement des élèves de l'école de médecine et de l'école professionnelle de Tananarive.

Nous avions : *A Tananarive :*

Une école normale d'instituteurs, une école administrative, une école professionnelle, [rattachée aux Travaux publics] et une école de médecine, [rattachée au service de Santé].

*A Fianarantsoa :*

Une école régionale comprenant : une section normale, une section administrative, une section industrielle et une section agricole.

*A Mahanoro :*

Une école régionale comprenant les mêmes sections que elle de Fianarantsoa.

*A Analalava :*

Une école régionale comprenant les mêmes sections que celles de Fian arantsoa et de Mahanoro.

*A Antsirabe :*

Une école régionale avec une section industrielle et une section agricole.

*A Ambositra et à Miarinarivo :*

Une école régionale organisée comme celle d'Antsirabe.

Telles sont les écoles indigènes dans lesquelles étaient employés des maîtres européens. Les élèves de toutes ces écoles étaient directement recrutés parmi les écoles primaires officielles, excepté ceux de l'école de médecine pour lesquels on avait organisé une section prép aratoire spéciale à l'école administrative.

Les défauts de cette organisation apparaîtront immédiatement par simple comparaison avec celle établie par M. Auga gneur :

1° Il n'y a plus qu'une seule école normale et qu'une seule école administrative à Tananarive ;

2° L'école professionnelle supérieure est rattachée au service de l'Enseignement et ramenée à des proportions plu smodestes ;

3° L'école de médecine est rattaché au serviece de l'Enseignement.

Ces écoles sont les écoles supérieures de la Colonie.

4° Les écoles régionales deviennent des écoles du 2° degré intermédiaires entre les écoles primaires et les écoles supérieures. Elles comprenent deux sections : une section d'enseignement général préparatoire aux écoles normale et administrative et une section industrielle préparatoire à l'école professionnelle supérieure. [Les nouvelles écoles régionales sont d'abord organisées avec une seule section d'enseignement général, la section industrielle n'étant pas toujours utile].

5° Le recrutement de l'école de médecine se fait par double sélection ; l'école administrative comprenant une section préparatoire à l'école de médecine. Cette mesure spéciale est nécessitée par la difficulté que présentent les études médicales.

Par suite, l'économie du système peut se résumer de la façon suivante ;

1· L'instruction primaire élémentaire seulement, à la masse.

2· Sélection judicieuse des sujets d'élite destinés à continuer leurs études dans les écoles supérieures.

3· Utilisation rationnelle du personnel enseignant européen pour la formation de ces sujets d'élite. En effet les enfants ne peuvent fréquenter l'école primaire que jusqu'à l'âge de 14 ans au plus ; à partir de ce moment, ils sont obligés de céder la place aux plus jeunes. Les sujets médiocres ou ordinaires ne sont donc pas immobilisés indéfiniment sur les bancs d'une école, ils retournent forcément à leurs rizières à un âge où ils peuvent utilement employer leur force physique pour le plus grand bien du pays.

D'autre part, les écoles régionales définies comme il vient d'être dit, n'exigeant qu'une installation matérielle et un personnel beaucoup plus réduits qu'auparavant, peuvent être multipliées ; on arrivera sans doute à en créer de quinze à vingt dans la Colonie, presqu'une par circonscription administrative.

Elles sont placées sous la direction d'un seul maître européen. Leurs élèves sont recrutés au concours parmi les élèves des écoles primaires de la région ; le nombre des élèves à admettre étant fixé chaque année par le chef du Service de l'Enseignement, on voit que seuls, les enfants intelligents et susceptibles de perfectionnement sont admis à continuer leurs études ; ils entrent d'ailleurs à l'école régionale à 12 ans, c'est-à-dire à un âge où ils peuvent avantageusement profiter des leçons d'un maître européen. Après deux années d'études [au cours desquelles sont exclus les élèves insuffisants ou indisciplinés], ils subissent le concours d'admission à l'école administrative ou à l'école normale de Tananarive où ils entrent à 14 ou 15 ans, c'est-à-dire encore jeunes, déjà entraînés au travail intellectuel par un maître européen et ayant une solide base de connaissancas qui leur permettra de suivre avec fruit, pendant 3 années, les cours destinés aux élèves-maîtres ou aux élèves-interprètes ou aux candidats à l'école de médecine.

De plus, l'école normale et l'école administrative, seules de leur genre, peuvent être convenablement outillées et dotées du personnel européen indispensable, personnel qui auparavant devait être affecté aux quatre sections normales et aux quatre sections administratives de Tananarive, Fianarantsoa, Mahanoro et Analalava.

Enfin cette centralisation, à Tananarive, de la formation des futurs fonctionnaires et médecins, permet d'obtenir un personnel plus homogène bien que recruté dans toutes les parties de l'Ile. Elle rapproche pendant leurs années de séjour dans la capitale des sujets ayant des origines diverses et contribue ainsi à détruire les préventions qui peuvent exister entre les différentes peuplades ; elle place aussi l'élite intellectuelle indigène en contact avec la colonie européenne la plus nombreuse dans le centre industriel le plus important.

Ce pendant cet édifice si bien construit, si bien proportionné, s'écroulerait comme un château de cartes s'il n'était protégé contre les attaques redoutables de l'enseignement privé. Qu'importent, en effet, aux Missionnaires les dangers qui peuvent résulter pour le pays de la formation de déclassés ? Ont-ils un intérêt quelconque à limiter le nombre des indigènes qui restent jusqu'à 17, 18 et même 20 ans sur les bancs de leurs écoles ? Au contraire, ce qu'il leur faut, c'est une clientèle nombreuse. Que les neuf dixièmes des candidats qu'ils entraînent pour les examens restent sur le pavé, peu leur chault, leur seul but, c'est le succès, élément de la réclame, et, pour l'obtenir, il leur faut beaucoup d'élèves. Une administration prévoyante ne peut raisonner ainsi ; non seulement elle doit défendre l'envahissement des emplois par les produits des jésuitières de toute sorte, mais encore elle doit prévenir les causes de désordre, et la formation des déclassés en est une sérieuse, surtout dans un pays neuf. M. Augagneur l'a compris, aussi n'a-t-il pas hésité à appliquer ici le stage scolaire comme condition d'accès aux écoles régionales et aux écoles supérieures de la Colonie. Ainsi, depuis l'année 1906, seuls peuvent prendre part aux concours d'admission des écoles régionales, normale, administrative, de l'école professionnelle supérieure et de l'école de médecine, les candidats qui fournissent un certificat établissant qu'ils ont suivi pendant les deux années précédentes les cours d'une école officielle.

Dès lors, tout danger est écarté, le nombre des candidats aux fonctions administratives peut toujours être limité suivant les besoins, leur sélection restant le monopole de l'Etat. Il est •bon de remarquer que cette mesure n'entraîne aucune restriction à la liberté d'Enseignement et ne porte aucun préjudice aux élèves des écoles confessionnelles qui, à la condition de faire deux années de stage dans une école officielle, conservent le droit d'accès aux écoles supérieures.

### Enseignement aux enfants européens

Si l'organisation de l Enseignement aux indigènes était mal comprise sous le régime précédent, l'organisation des écoles européennes était simplement négligée, car dans ce domaine, il ne s'agit pas d'innover mais simplement d'appliquer les règlementations métropolitaines. Les principales critiques à formuler à cet égard sont les suivantes :

1° Absence d'écoles primaires et d'écoles enfantines dans des centres où la population européenne et assimilée est très importante.

2° Nombre insuffisant des maîtres affectés aux écoles existantes.

3° Absence complète d'établissements officiels d'enseignement secondaire.

Les deux premiers inconvénients ont été, en partie du moins, supprimés sans augmentation des dépenses : la réduction du personnel européen en service dans les écoles régionales et les écoles professionnelles de filles à sections multiples a permis d'ouvrir de nouvelles écoles européennes et de compléter le personnel des écoles existantes. Ainsi, on a créé, à Tamatave , en 1906, une école de filles à deux classes et une section enfantine. Un groupe scolaire européen comprenant une école primaire de garçons, une école primaire de filles, une classe enfantine et une section réservée spécialeméct aux hindous a été créé à Hell-Ville [Nossi-Be] en 1907. Le personnel enseignant des écoles primaires de Tananarive a été augmenté dès l'année 1906 en vue de l'organisation de cours supérieurs.

Enfin, le 15 janvier 1908, le collège de Tananarive ouvrira ses portes et des cours d'Enseignement secondaire pour les jeunes filles seront inaugurés à la plus grande satisfaction des familles.

On s'attend peut-être à constater une augmentation sensible des dépenses, après tant de réformes et de créations. Il n'en est rien. Le montant des prévisions budgétaires du service de l'Enseignement, pour l'exercice 1908 [y compris l'école professionnelle, l'école de médecine, le collège européen et les cours secondaires de jeunes filles de Tananarive] est exactement de 856.375 fr. 80. Si l'on ajoute à ce chiffre les 100.000 fr. inscrits au budget des travaux publics pour construction d'écoles et les 20.000 fr. prévus au chapitre des transports, on n'atteint pas le million qui était dépensé en 1905 pour la même œuvre.

## Conclusion

Cette étude serait incomplète si l'on ne recherchait pas quelles peuvent être les conséquences de la politique inaugurée par M. Augagneur en matière d'enseignement. Théoriquement inattaquable, cette politique peut fort bien n'être pas applicable à Madagascar ; alors à quoi serviraient les mesures prises si l'exéution ne pouvait pas en être poursuivie jusqu'au bout ? C'est peut-être une énorme charge que le Gouvernement veut imposer à la Colonie en organisant un enseignement officiel en vue de répandre partout l'instruction dans les conditions qui viennent d'être indiquées, sans tenir compte de l'enseignement confessionnel ! L'objection est sérieuse ; aussi est-il indispensable d'en examiner la valeur et la portée.

On entend, en effet, des personnes indifférentes en matière religieuse tenir le raisonnement suivant : Vous fermez les écoles privées, c'est très bien ; mais par quoi les remplacerez-vous ? Les missions ont plus de 4.000 écoles à Madagascar, vous n'avez sans doute pas la prétention d'imposer au budget local une nouvelle dépense annuelle de plus de 3.000.000 pour laïciser l'enseignement. Il est des dépenses beaucoup plus urgentes.

Ce raisonnement très simple peut, en effet, impressionner ceux qui, ignorant les éléments de la discussion, sont obligés d'accepter pour vraies des affirmations absolument erronées. C'est cet argument qu'on a donné le 23 mars 1904 à la Chambre des députés pour obtenir que la loi sur l'enseignement congréganiste ne fut pas applicable aux colonies. C'est cet argument que tous les adversaires de l'enseignement laïque vous opposeront toujours en dernière analyse.

Nous étudierons cette question en nous basant sur des faits indiscutables. Mais auparavant il peut être utile de faire une remarque. La colonie n'a pas à redouter une menace parfaitement irréalisable. Les missions religieuses ne fermeront pas leurs écoles et nous ne nous trouverons jamais en face d'une pareille situation qui, en effet, présenterait quelques inconvénients.

Il est évident que si les missions fermaient brusquement toutes leurs écoles, on pourrait regretter que le Gouvernement ne fut pas en mesure de remplacer par des établissements officiels ces écoles privées qui, à certains points de vue, rendaient quelques services. Mais nous n'avons pas à redouter la grève des missionnaires ; leur œuvre scolaire fait partie intégrante de leur œuvre de propagande religieuse, et du jour où ils supprimeraient leurs écoles, ils verraient disparaitre à bref délai toute leur clientèle. La chose est, d'ailleurs, facile à établir. Tout en protestant contre l'arrêté du 23 novembre 1906, les missionnaires s'y sont immédiatement conformés et ont fait l'impossible pour obtenir la reconnaissance du plus grand nombre d'écoles et de garderies. Lorsque des fins de non recevoir leur étaient opposées, ils adressaient aussitôt réclamations sur réclamations. Ce n'est point ainsi qu'agissent des gens qui ont l'intention d'abandonner une œuvre. Mais si les missionnaires, en réalité, ont la ferme intention de maintenir leurs écoles, nous ne devons pas oublier que le Gouvernement, de son côté, a pris la ferme résolution d'accomplir son œuvre laïque sans tenir compte des écoles privées. Nous avons donc maintenant à calculer aussi exactement que possible les dépenses qui résulteront de cette ligne de conduite et le temps qu'il faudra pour atteindre le but poursuivi.

Nous pouvons d'abord reconnaitre que l'augmentation des dépenses résultera uniquement de l'augmentation du nombre des écoles primaires indigènes. Les écoles supérieures fonctionnent normalement ; le nombre des écoles régionales sera augmenté de trois ou quatre unités sans dépenses nouvelles, les nouveaux postes étant pourvus au moyen d'une répartition plus rationnelle du personnel européen. Quant aux écoles européennes, elles sont maintenant suffisantes.

Le problème à résoudre est donc le suivant : Calculer le nombre des écoles primaires indigènes nécessaires pour assurer dans des conditions convenables l'enseignement dans la Grande Ile. En retranchant de ce nombre les écoles primaires officielles qui existent, on obtiendra le nombre des écoles à créer et une simple multiplication nous permettra de déduire l'augmentation des dépenses qui en résultera.

Où trouverons-nous les éléments nécessaires à ce calcul ? Nous les trouverons dans les statistiques scolaires, établies

pour les mois de septembre et octobre 1906, c'est-à-dire avant
la promulgation du nouvel arrêté concernant l'enseignement
privé. A ce moment, en effet, la nouvelle règlementation
n'ayant pas encore affecté l'enseignement privé, nous nous
trouvons dans les conditions les plus favorables pour établir
aussi exactement que possible l'importance de l'œuvre scolaire
des missions.

Nous relevons, dans ces statistiques les données suivantes :

*Enseignement officiel* :

359 écoles primaires indigènes fréquentées par 19.384 garçons, 8.271 filles, soit en tout 27.655 élèves.

*Enseignement privé* :

286 écoles primaires indigènes fréquentées par 14.451 garçons, 9,983 filles, soit en tout 24.434 élèves.

Remarquons d'abord que nous sommes loin du chiffre de
4.000 écoles privées qu'on nous jette à chaque instant à la face.
Comment peut-il se faire que les statistiques officielles qui ne
sont pas truquées, croyez-le bien, donnent des résultats aussi
différents que les statistiques établies par les missionnaires ? Il
est facile de s'en rendre compte.

Reportons-nous à l'art. 48 de l'arrêté du 25 mars 1901 qui
définit les écoles d'Eglise. Nous lisons : « Les établissements privés à la tête desquels il n'y a pas de maîtres bré-
vetés, ne sont pas considérés comme assurant le service public
de l'enseignement ; ce sont des écoles d'Eglise. Les missions
ont le droit d'ouvrir des écoles d'Eglise dans les villages où
elle sont autorisées à fonder des réunions religieuses. » Cette
prescription n'a été abolie que par l'arrêté du 23 novembre
1906. Donc, jusqu'à cette dernière date, les missions étaient
autorisées à compter comme *écoles* toutes leurs églises.

Le service de l'enseignement ne considérant comme écoles
que les établissements privés dirigés par des maîtres bré-
vetés, on voit immédiatement d'où provient la différence
énorme constatée entre les indications fournies par les Missionnaires et celles que l'on relève sur les statistiques officielles.
Les Missionnaires ont tout avantage à exagérer l'importance
de leur œuvre scolaire, c'est le seul moyen qu'ils ont
d'expliquer leur présence dans ce pays. Mais il n'est pas utile
de les croire sur parole, et d'ailleurs ils exagèrent d'une
façon tellement visible que leurs affirmations ne résistent pas à
la simple réflexion. Admettons leur chiffre, en y ajoutant les
écoles primaires officielles, Madagascar aurait alors environ

4.500 écoles primaires pour une population indigène au plus égale à 2.500.000 habitants.

En France, on compte 1 école primaire ~~environ~~ pour 600 habitants environ. A ce compte, la densité des écoles primaires de Madagascar serait actuellement supérieure à celle des écoles primaires métropolitaines. Inutile d'insister davantage après une pareille constatation, surtout si l'on remarque que presque toutes les écoles de Missions sont installées sur le plateau central et dans quelques centres importants de la côte.

Remarquons encore que l'application de l'arrêté du 23 novembre 1906 n'entraine nullement la suppression de toutes les anciennes écoles d'église dénommées actuellement garderies. Ces écoles continuent à fonctionner du moment qu'elles ne se trouvent pas à moins de 6 kil. d'une véritable école officielle ou privée.

Ainsi, les écoles d'église disparaissent dans les régions où elles sont absolument inutiles, mais elles restent dans les localités où nous n'avons encore rien pour les remplacer. Le nouveau régime n'a donc pas pour conséquence de diminuer le nombre des établissements d'instruction utilisables.

Les statistiques officielles permettent également de vérifier ce fait que les Missions religieuses ont surtout porté leur effort dans les régions centrales. Ainsi, dans la province de Tananarive, (Imerina), les écoles primaires indigènes privées sont au nombre de 151, représentant les 4/7 du nombre total des écoles primaires indigènes privées, les autres étant situées en majeure partie dans les provinces du Vakinankaratra, d'Ambositra et de Fianarantsoa.

Mais revenons au calcul que nous avons à faire. Nous pouvons raisonnablement prendre comme base d'appréciation la province de Tananarive où, sans contredit, l'enseignement est le plus développé. Il est bien certain que l'Administration aura fait un effort appréciable et suffisant lorsqu'elle aura doté toute la colonie d'un réseau d'écoles primaires de densité égale à celui qui existe actuellement en Imerina. Or, nous avons actuellement, dans la province de Tananarive, dont la population représente approximativement le quart de la population totale de la Grande Ile, 78 écoles primaires officielles et 151 écoles primaires privées soit en tout 229 écoles primaires.

Le développement raisonnable de notre enseignement primaire indigène exigerait donc pour toute la colonie un nombre total de 916 écoles primaires. Il y en a actuellement 645 : 359 officielles et 286 privées ; il reste donc à en créer

916—645 soit 271 qui représentent une augmentation annuelle de dépenses d'environ 220.000 francs, chaque école exigeant une dépense annuelle de 800 francs environ. Le service de l'Enseignement peut ouvrir annuellement 30 écoles nouvelles, on voit que Madagascar serait doté d'un nombre suffisant d'écoles primaires au bout de 9 ou 10 ans, si l'on suppose que les Missions religieuses n'apportent aucune modification à leur œuvre scolaire.

Mais nous devons également envisager le cas où les Missionnaires feraient grève. La colonie aurait alors à supporter les frais de 286 nouvelles écoles, ce qui augmenterait ses dépenses annuelles de 235.000 francs. La création de ces 286 écoles exigerait un nouveau délai d'environ 10 années.

En résumé, dans 20 ans, en créant chaque année 30 nouvelles écoles primaires, la colonie pourrait avoir un réseau scolaire officiel aussi dense que le réseau scolaire officiel et privé qui existe actuellement en Imerina.

La réalisation de cette œuvre entrainerait au bout de 20 ans une augmentation annuelle des dépenses d'enseignement de 455.000 francs environ. A ce moment, le budget de l'Enseignement s'élèverait donc à 855,000 + 455.000 soit à 1.310.000 francs environ.

La colonie peut-elle raisonnablement s'imposer ce sacrifice ? D'aucuns pourraient répondre que le budget de l'Enseignement est déjà trop élevé, tandis que d'autres seraient d'une opinion diamétralement opposée. Nous essayerons encore de résoudre cette question en nous basant sur des faits. L'étude des budgets d'un certain nombre de colonies nous a permis d'établir les constatations suivantes :

A St-Pierre et Miquelon, le montant du budget de l'Enseignement est égal aux 8/100 des dépenses totales de la colonie.

| | |
|---|---|
| A la Martinique : | 17 o/o. |
| A la Guadeloupe : | 6 o/o. |
| A la Réunion ; | 17 o/o. |
| Au Cambodge : | 3 o/o. |
| En Cochinchine : | 9 o/o. |
| Au Tonkin : | 4 o/o. |

Les documents nous font défaut en ce qui concerne les autres colonies.

A Madagascar, en 1907, le budget de l'Enseignement s'élève à 799.000 francs, le montant total des dépenses étant de 30 millions, la proportion est donc de 2,66 o/o.

En admettant que la capacité budgétaire de la Colonie ne varie pas d'ici vingt ans, la proportion entre le budget de l'enseignement et le budget total des dépenses serait de 4,36 o/o, elle serait encore inférieure à celle constatée dans la plupart de nos colonies.

La conclusion ne peut donc être douteuse : Non seulement la politique scolaire suivie actuellement dans la colonie est théoriquement justifiée, mais elle est encore pratiquement applicable.